школа - ikigo c' amashure — 2
путешествие - urugendo — 5
транспорт - gutwara abantu n' ibintu — 8
город - igisagara — 10
ландшафт - imisozi — 14
ресторан - resitora — 17
супермаркет - supermarshe — 20
напитки - inyobwa — 22
еда - infungugwa — 23
ферма - ubwororero — 27
дом - inzu — 31
гостиная - isaro — 33
кухня - igikoni — 35
ванная комната - ubwogero — 38
детская комната - icumba c' umwana — 42
одежда - impuzu — 44
офис - ibiro — 49
экономика - ubutunzi — 51
профессии - imirimo — 53
инструменты - ibikoresho vy' ubwubatsi — 56
музыкальные инструменты - ivyuma vyo gucuraranga — 57
зоопарк - iratiro ry' ibikoko — 59
спорт - siporo — 62
действия - imirimo — 63
семья - umuryango — 67
тело - umubiri — 68
больница - ibitaro — 72
неотложный случай - irijanse — 76
земля - isi — 77
часы - isaha — 79
неделя - indwi — 80
год - umwaka — 81
формы - forume geometrike — 83
цвета - amabara — 84
противоположности - ikinyurane — 85
цифры - ibiharuro — 88
языки - indimi — 90
кто / что / как - inde / iki / gute — 91
где - hehe? — 92

Impressum
Verlag: BABADADA GmbH, Nedderfeld 112 , 22529 Hamburg
Geschäftsführer / Verlagsleitung: Harald Hof
Druck: Books on Demand GmbH, In de Tarpen 42, 22848 Norderstedt

Imprint
Publisher: BABADADA GmbH, Nedderfeld 112 , 22529 Hamburg, Germany
Managing Director / Publishing direction: Harald Hof
Print: Books on Demand GmbH, In de Tarpen 42, 22848 Norderstedt, Germany

школа

ikigo c' amashure

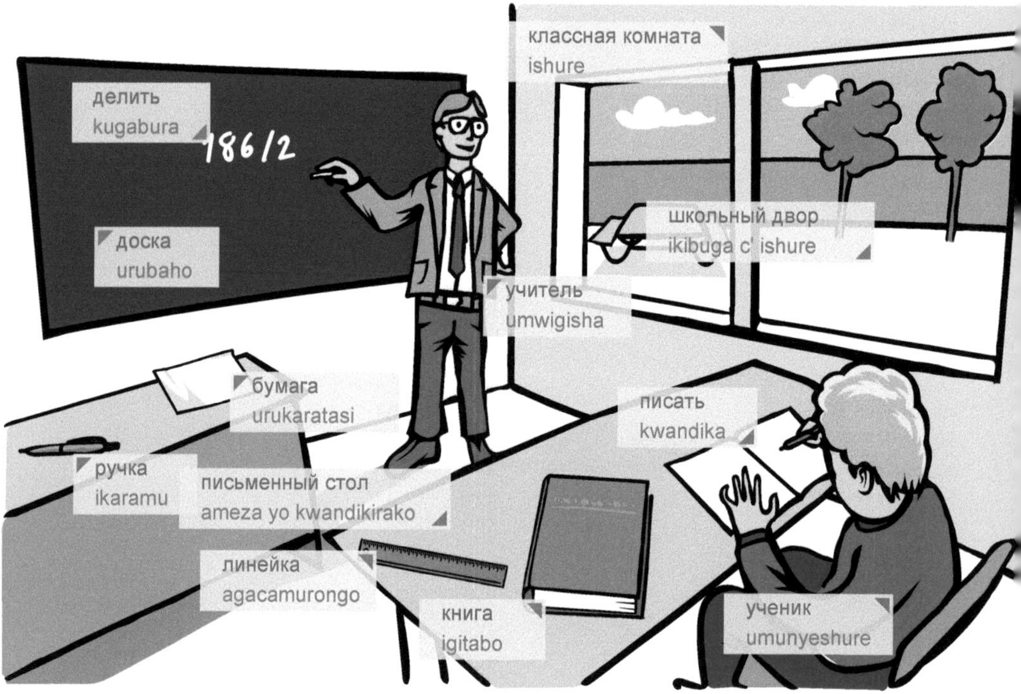
классная комната
ishure
делить
kugabura
186/2
доска
urubaho
школьный двор
ikibuga c' ishure
учитель
umwigisha
бумага
urukaratasi
писать
kwandika
ручка
ikaramu
письменный стол
ameza yo kwandikirako
линейка
agacamurongo
книга
igitabo
ученик
umunyeshure

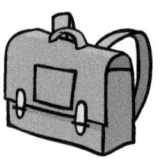

ранец

isakoshi y'' ishure

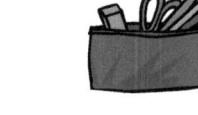

пенал

agasaho k' amakaramu

карандаш

ikaramu y igiti

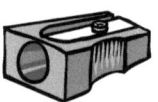

точилка

agasongozo k ikaramu y igiti

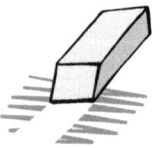

ластик

igome

альбом для рисования

ikaye yo gucapamwo

рисунок

igicapo

кисточка

ikaramu bacapisha irangi

коробка красок

agasandugu kamabara

ножницы

imikasi

клей

kore

тетрадь

ikaye y' imyimenyerezo

домашняя работа

myimenyerezo yo muhira

цифра

igiharuro

прибавлять

guteranya

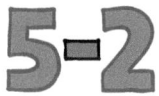

вычитать

gukuramwo

умножать

kugwiza

считать

guharura

буква

urudome

алфавит

indome

слово

ijambo

текст

igisomwa

читать

gusoma

мел

ingwa

урок

icigwa

классный журнал

igitabo c' ishure

экзамен

ikibazo

диплом

impamyabushobozi

школьная форма

impuzu y' ishure

образование

kwiga

энциклопедия

kazinduzi

университет

kaminuza

микроскоп

mikorosikopi

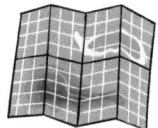

карта

ikarata

корзина для бумаг

agaseke bajugunyamo
amakaratasi

путешествие
urugendo

гостиница
ihoteli
Grand
турбаза
ihoteli ntoya
ROOMS
пункт обмена валюты
ku bavunjayi
чемодан
isandugu
автомобиль
umuduga

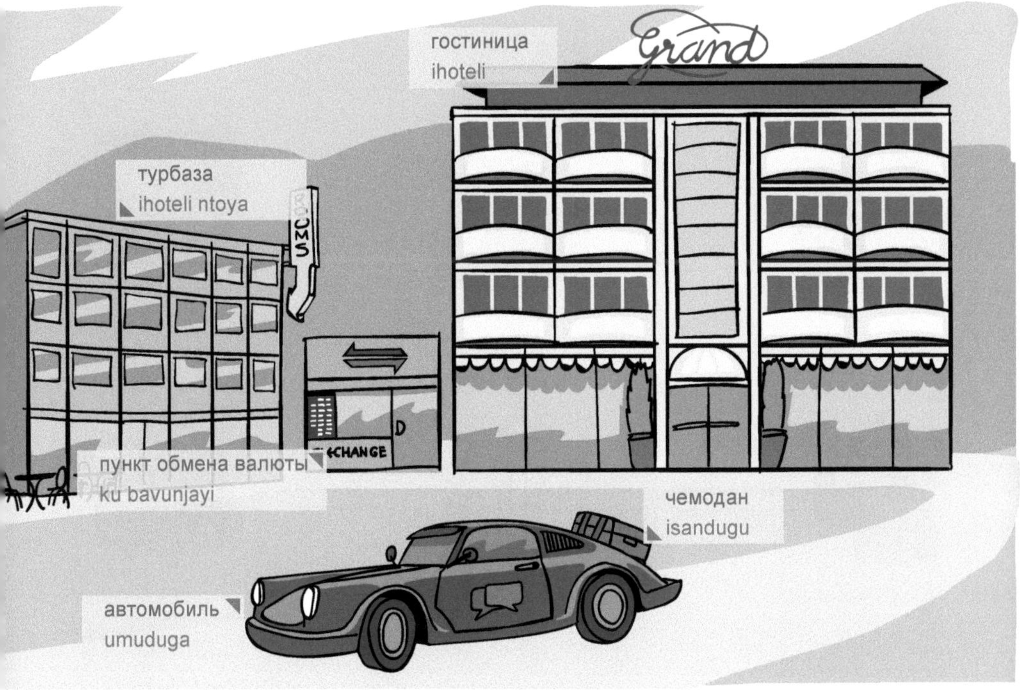

язык
ururimi

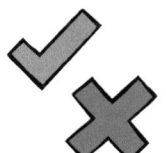

да / нет
ego / oya

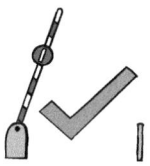

хорошо
ego

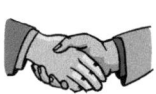

Привет
amahoro!

переводчик
umuntu asigura

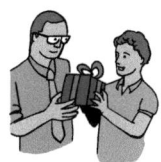

Спасибо
ndashimye

Сколько стоит...?

ni angahe?

Я не понимаю

sindabitahura

проблема

ingorane

Добрый вечер!

mwiriwe!

Доброе утро!

mwaramutse

Доброй ночи!

ijoro ryiza!

До свидания

nakagaruka

направление

inzira

багаж

imizigo

сумка

igapo

рюкзак

isaho baheka mu mugongo

гость

umushitsi

комната

icumba

спальный мешок

umufuko wo kuraramo mu
rugendo

палатка

ihema

туристическая информация
kumenyesha ingenzi

пляж
ku musenyi

кредитная карточка
ikarata y' amahera

завтрак
ifunguro rya mugatondo

обед
ifunguro ryo ku murango

ужин
ifunguro ry 'ijoro

билет
itike

лифт
ingazi y' umuyagankuba

почтовая марка
umukono

граница
umupaka

таможня
duwane

посольство
ubuserukizi bw' igihugu

виза
viza

паспорт
pasiporo

транспорт

gutwara abantu n' ibintu

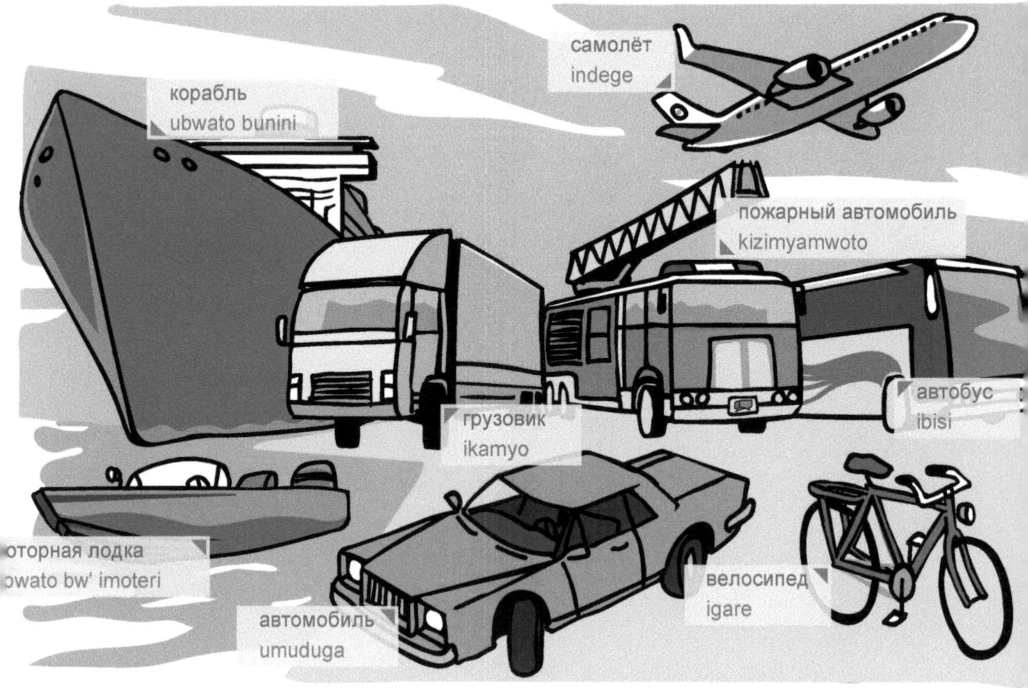

самолёт
indege
корабль
ubwato bunini
пожарный автомобиль
kizimyamwoto
автобус
ibisi
грузовик
ikamyo
оторная лодка
owato bw' imoteri
велосипед
igare
автомобиль
umuduga

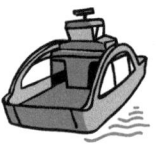

паром

ubwato bunini

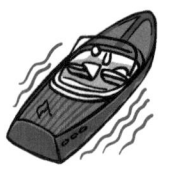

лодка

ubwato

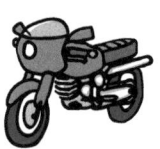

мотоцикл

ipikipiki

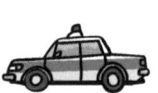

полицейский автомобиль

umuduga w' igipolisi

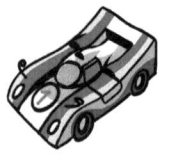

гоночный автомобиль

umuduga wa kuruse

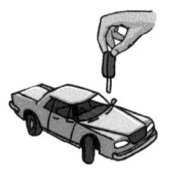

арендованный автомобиль

umuduga bakodesha

совместное пользование
автомобилями
ukoresha imodoka imwe
muri benshi

буксировочный
автомобиль
uruduga ruheka izindi

мусоровоз
umuduga utwara umucafu

двигатель
imoteri

топливо
igitoro

заправка
ubunywero bw'ibitoro

дорожный знак
irango vyo ku mabarabara

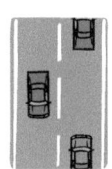

движение
uruja n' uruza

пробка
akajagari k' imiduga mw'
ibarabara

автостоянка
igituro c' imiduga

вокзал
igituro ca gari ya moshi

рельсы
ibarabara rya gari ya moshi

поезд
gari ya moshi

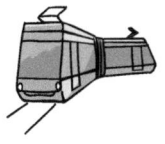

трамвай
gari ya moshi bita tram

вагон
igipande ca gari ya moshi

вертолёт

kajugujugu

аэропорт

ikibuga c' indege

вышка

umunara

пассажир

ingenzi

контейнер

konteneri

коробка

ikarato

тележка

isharete

корзина

icibo

взлетать / приземляться

kuguruka / kugwa

город

igisagara

деревня

umutumba

центр города

hagati mu gisagara

дом

inzu

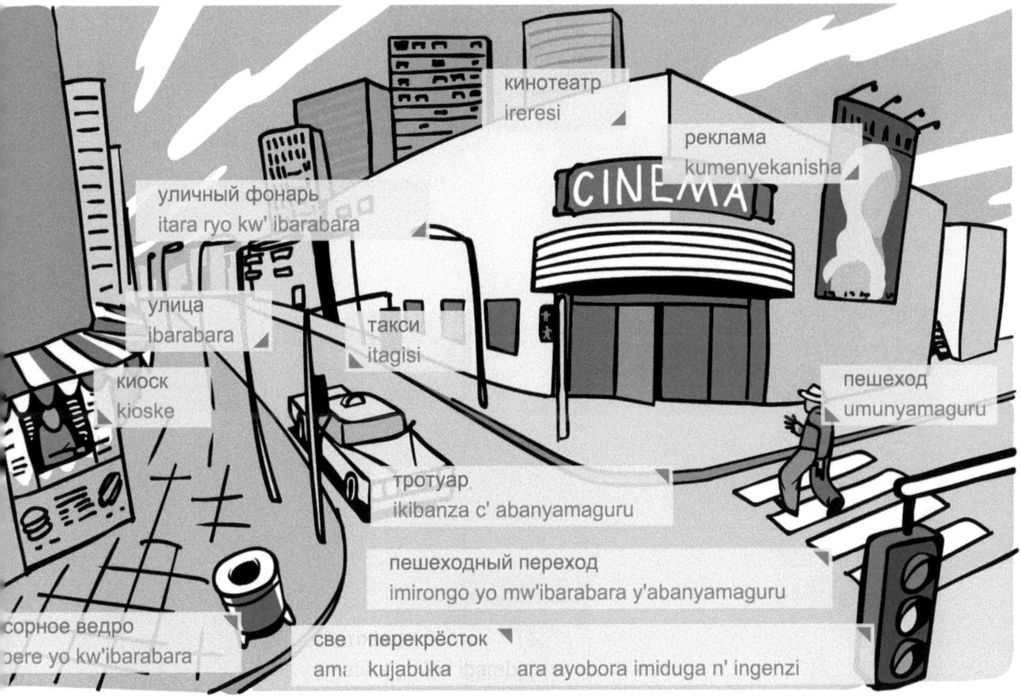

кинотеатр
ireresi

реклама
kumenyekanisha

уличный фонарь
itara ryo kw' ibarabara

CINEMA

улица
ibarabara

такси
itagisi

киоск
kioske

пешеход
umunyamaguru

тротуар
ikibanza c' abanyamaguru

пешеходный переход
imirongo yo mw'ibarabara y'abanyamaguru

сорное ведро
pere yo kw'ibarabara

све перекрёсток
am: kujabuka ara ayobora imiduga n' ingenzi

хижина
akazu k' ikirundi

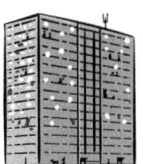

квартира
aparitema

вокзал
igituro ca gari ya moshi

ратуша
meri

музей
iratiro ry' ivyakera

школа
ikigo c' amashure

университет

kaminuza

банк

ibanki

больница

ibitaro

гостиница

ihoteli

аптека

farumasi

офис

ibiro

книжный магазин

aho badandaza ibitabo

магазин

akaduka

цветочный магазин

umudandaza w'amashugwe

супермаркет

supermarshe

рынок

isoko

универмаг

iduka

торговец рыбой

umudandaza w' amafi

торговый центр

ihuriro ry'amaduka

порт

ikivuko

парк

kibanza batemberamwo

скамейка

intebe ndende

мост

ikiraro

лестница

ingazi

метро

gari ya moshi bita métro

тоннель

ibarara ry' indani y' isi

автобусная остановка

igituro c' amabisi

бар

ubunywero

ресторан

resitora

почтовый ящик

ahaja amakete

табличка с названием
улицы

ikirango co kw' ibarabara

паркометр

isaha yo ku gituro c'
imiduga

зоопарк

iratiro ry' ibikoko

бассейн

pisine

мечеть

umusigiti

ферма

ubwororero

загрязнение окружающей среды

konona ibidukikije

кладбище

akaburi

церковь

kw'isengero

детская площадка

ikibuga

храм

inyubako za kera bita temple

ландшафт

imisozi

лист
ikibabi

дорожный указатель
ivyapa

дорога
inzira

луг
ubwatsi bita gazon

камень
ibuye

дерево
igiti

путешественник
umuntu atembera kure n' amaguru

река
uruzi

трава
ubwatsi

цветок
ishugwe

долина

ikiyaya

гора

umusozi

озеро

ikiyaga

лес

ishamba

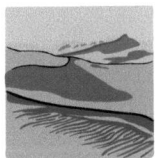

пустыня

ubugaragwa

вулкан

ikirunga

замок

ishato

радуга

umunywamazi

гриб

ikizinu

пальма

ikigazi

комар

umubu

муха

isazi

муравей

urutozi

пчела

uruyuki

паук

igitangurigwa

жук

agakoko gato bita
coléoptère

лягушка

igikere

белка

agakoko bita écureuil

еж

ikinyogote

заяц

urukwavu

сова

igihuna

птица

inyoni

лебедь

imbata

кабан

ingurube y' ishamba

олень

idubu

лось

igikoko bita élan

плотина

urugomero

ветряной генератор

icuma gitanga
umuyagankuba

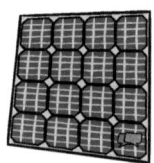

солнечная батарея

ikimuri c' imishwarara

климат

igihe

ресторан
resitora

официант
umukozi wo muburiro n'ubunywero
меню
ikarata y' indya
стул
intebe
суп
isupu
пицца
piza
скатерть
igitambara c' ameza
столовые приборы
ibikoresho vyo kumeza

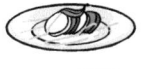

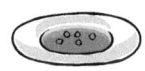

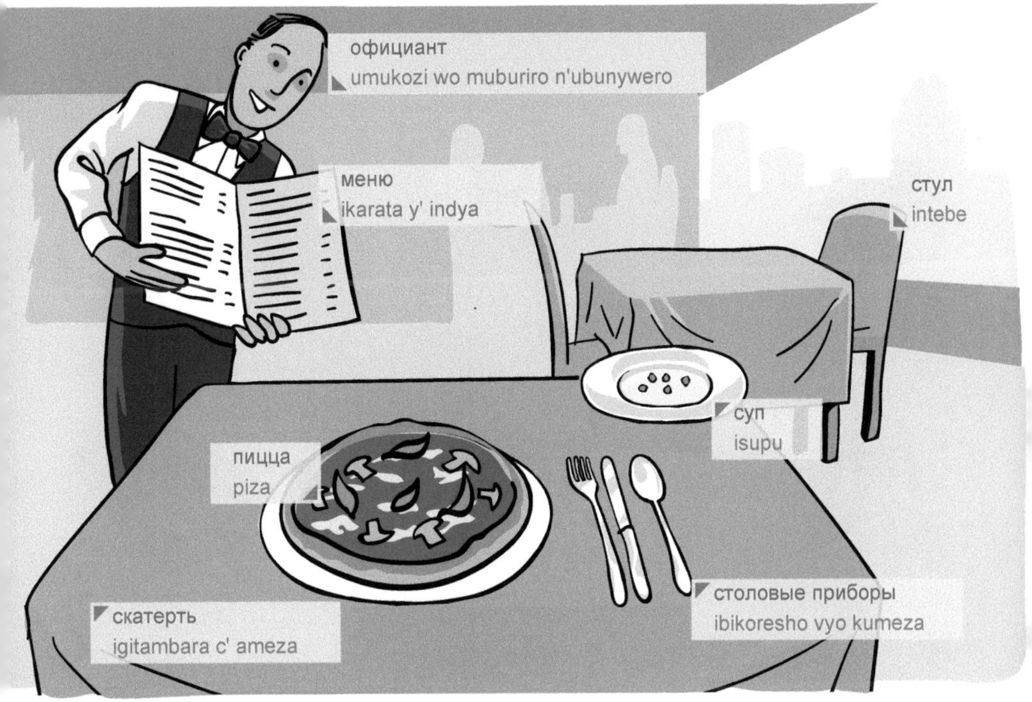

закуска

indya y' ibanze

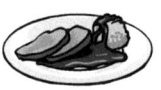

главное блюдо

indya nkuru

десерт

deseri

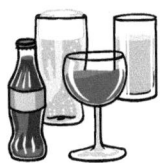

напитки

inyobwa

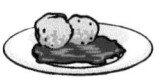

еда

infungugwa

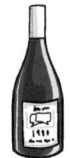

бутылка

icupa

фастфуд

infungugwa batekanye ingoga

уличная еда

Infungugwa barya bagenda

чайник

ibirika y' icayi

сахарница

agakopo k' isukari

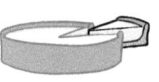

порция

igipande c' indya

кофеварка

imachini ikora espresso

детский стульчик

intebe ndende

счет

inyemazabuguzi

поднос

ako batwarako infungugwa

нож

imbugita yo kumeza

вилка

ikanya

ложка

ikiyiko

чайная ложка

akayiko k' icayi

салфетка

seriviyeti

стакан

ikirahuri

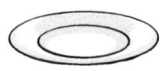

тарелка

isahani

суповая тарелка

isahani y' isupu

блюдце

isutasi

соус

isosi

солонка

akanyanyagiza umunyu ku ndya

мельница для перца

agasya ipiripiri

уксус

vinaigre

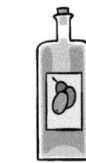

масло

amavuta

специи

indyoshandya

кетчуп

kecapu

горчица

mutaride

майонез

mayoneze

супермаркет
supermarshe

специальное предложение
ivyagabanyijwe igiciro
FOR
покупатель
umuguzi
молочные продукты
ibiva ku mata
фрукты
icamwa
тележка для покупок
agakinga ko mw' iduka

BUTCHERS

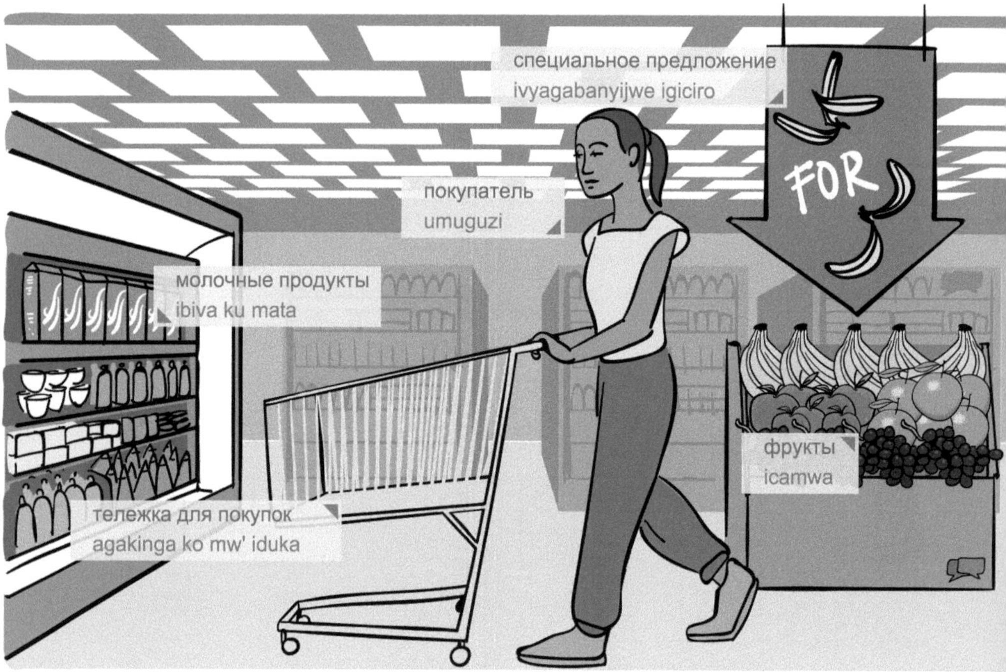

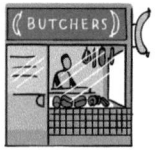

мясной магазин

amacuniro

BAKERY

пекарня

iburangeri

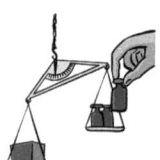

взвешивать

gupima

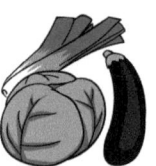

овощи

imboga

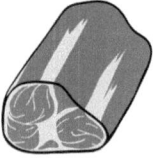

мясо

inyama

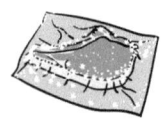

быстрозамороженные продукты

Imfungurwa zikanye cane

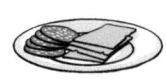

нарезка
....
ungugwa bita charcuterie en tranches

консервы
....
amafunguro yo mu mabwate

стиральный порошок
....
isabune yo kumesura

сладости
....
ibisosa

предмет домашнего обихода
....
ibikoresho vyo muhira

моющее средство
....
ibikoresho vy'isuku

продавщица
....
umudandaza

касса
....
kese

кассир
....
umuntu yakira amahera

список покупок
....
rutonde rw' ibidandazwa

время работы
....
amasaha yo kugurura

бумажник
....
ingodomoni

кредитная карточка
....
ikarata y' amahera

сумка
....
isakoshe

полиэтиленовый пакет
....
ishakoshe ya parastike

вода

amazi

сок

umutobe

молоко

amata

кока-кола

koka

вино

umuvinyo

пиво

ikiyeri

алкоголь

inzoga

какао

kakao

чай

icayi

кофе

ikawa

эспрессо

ikawa yitwa espresso

капучино

ikawa yitwa kapucino

банан

umuhwi

яблоко

ipome

апельсин

umucungwe

арбуз

icamwa bita melon

лимон

indimu

морковь

ikaroti

чеснок

igitungurusumu

бамбук

umugano

лук

igitunguru

гриб

ikizinu

орехи

ibiyoba

лапша

amakaroni

спагетти

spagetti

рис

umuceri

салат

isarade

картофель фри

ifiriti

жареный картофель

ifiriti

пицца

piza

гамбургер

hamburugere

сэндвич

sandwich

шницель

infungugwa bita escalope

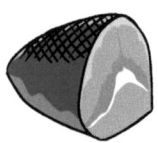

ветчина

jambo

салями

salami

колбаса

isosiso

курица

inyama y' inkoko

жаркое

umusoso

рыба

ifi

овсяные хлопья

infungugwa bita flocons d' avoine

мюсли

imfungugwa bita müsli

кукурузные хлопья

infungugwa bita corn - flakes

мука

ifarini

круассан

umukate bita croissant

булочка

umukate muto

хлеб

umukate

тост

umukate bashusha

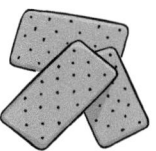

печенье

ibisuguti

масло

amavuta

творог

iforomaji yera

пирог

igato

яйцо

irigi

яичница

amafunguro bita oeuf au plat

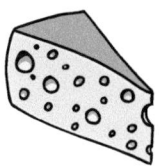

сыр

iformaji

мороженое

infungugwa bita crème glacée

сахар

isukari

мёд

ubuki

мармелад

ikonfitire

крем с нугой

imfungugwa bita praliné

карри

infungugwa bita curry

ферма
ubwororero

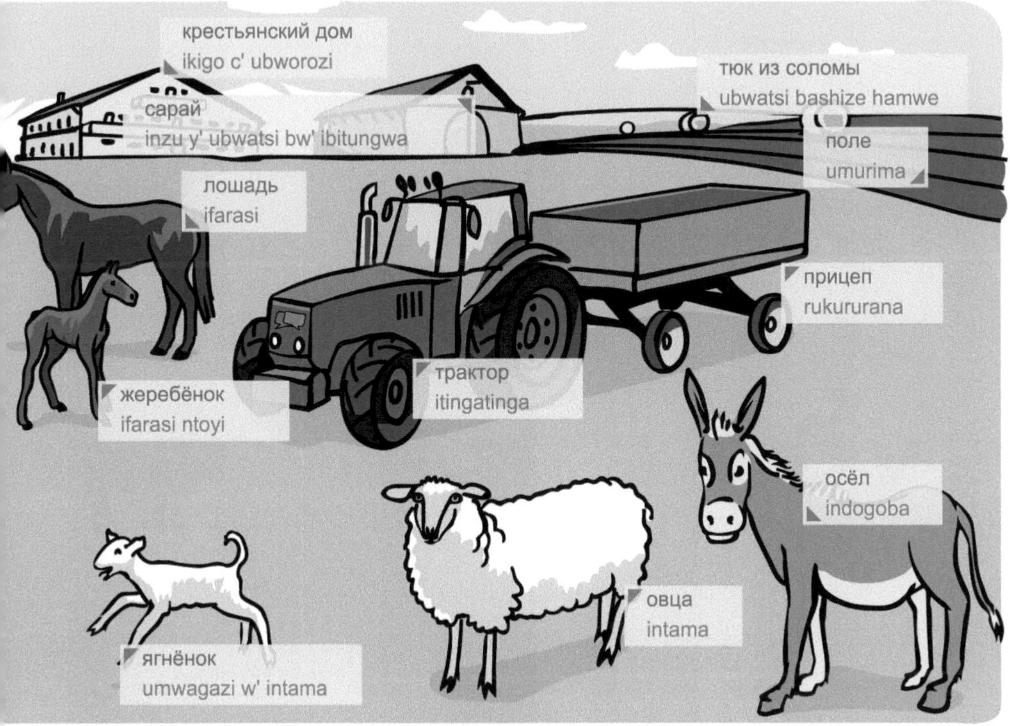
крестьянский дом
ikigo c' ubworozi
тюк из соломы
ubwatsi bashize hamwe
сарай
inzu y' ubwatsi bw' ibitungwa
поле
umurima
лошадь
ifarasi
прицеп
rukururana
трактор
itingatinga
жеребёнок
ifarasi ntoyi
осёл
indogoba
овца
intama
ягнёнок
umwagazi w' intama

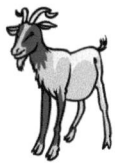

коза
impene

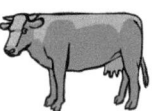

корова
inka

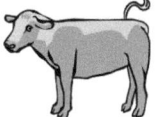

телёнок
inyana

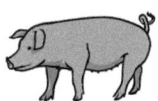

свинья
ingurube

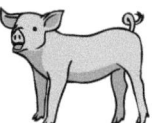

поросёнок
ikibuguru

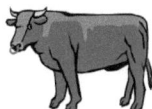

бык
impfizi

гусь

inyoni yitwa oie

утка

imbata

цыплёнок

umuswi

курица

inkokokazi

петух

isake

крыса

imbeba nini

кошка

akayabu

мышь

imbeba

вол

ishuri

собака

imbwa

конура

umusaka w'imbwa

садовый шланг

umuringoti wo kuvomerera
umurima

лейка

ico bakoresha basukira
amashurwe

коса

urukero

плуг

majagu

серп

umuhoro

мотыга

isuka

навозные вилы

ikinyanyagiza ibitabizo irya n'ino

топор

ishoka

тачка

inkorofani

корыто

ubwato

бидон для молока

icansi

мешок

umufuko

забор

urugo

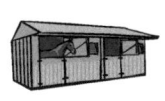

хлев

indaro y' ibitungwa

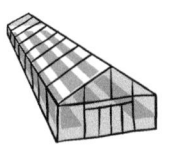

теплица

utuzu bashusha kugirango ibimera birimwo bikure

почва

isi

посев

imbuto

удобрение

ifumbire

комбайн

imashini yimbura

собирать урожай

kwimbura

урожай

umwimbu

ямс

infungugwa bita igname

пшеница

ingano

соя

isoya

картофель

ikiraya

кукуруза

ikigori

рапс

ubwoko bw' ingano bita colza

фруктовое дерево

igiti c' ivyamwa

маниок

imyumbati

злаки

ibinyantete

дымоход
inzira y' umwotsi

крыша
igisenge

водосточный желоб
umureko

окно
idirisha

гараж
igarage

звонок
ikengeri

дверь
umuryango

мусорное ведро
igiseke c' umucafu

почтовый ящик
agasandugu k'amakete

сад
umurima

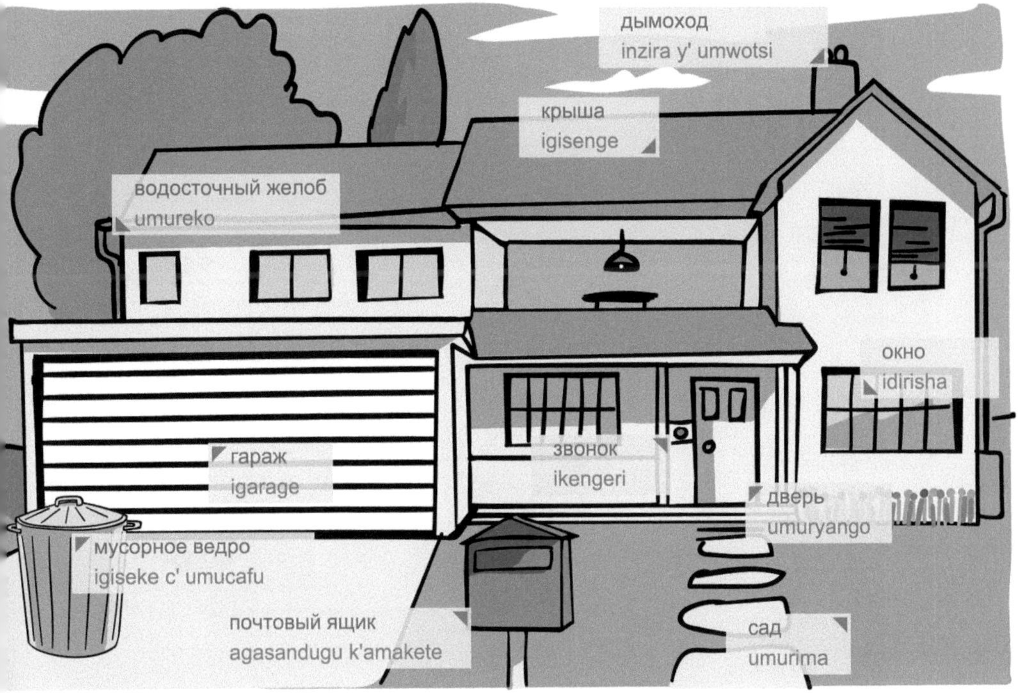

гостиная
isaro

ванная комната
ubwogero

кухня
igikoni

спальня
icumba co kuraramo

детская комната
icumba c' umwana

столовая
uburiro

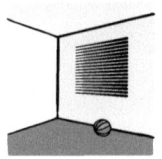

пол

hasi

стена

uruhome

потолок

igisenge c' inzu

подвал

kave

сауна

sauna

балкон

ibaraza

терраса

ibaraza

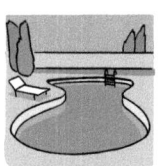

бассейн

aho bogera

газонокосилка

itondezi

пододеяльник

igikaratasi

покрывало

uburengeti

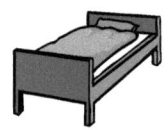

кровать

uburiri

метла

umweyerezo

ведро

indobo

выключатель

akabuto

гостиная

isaro

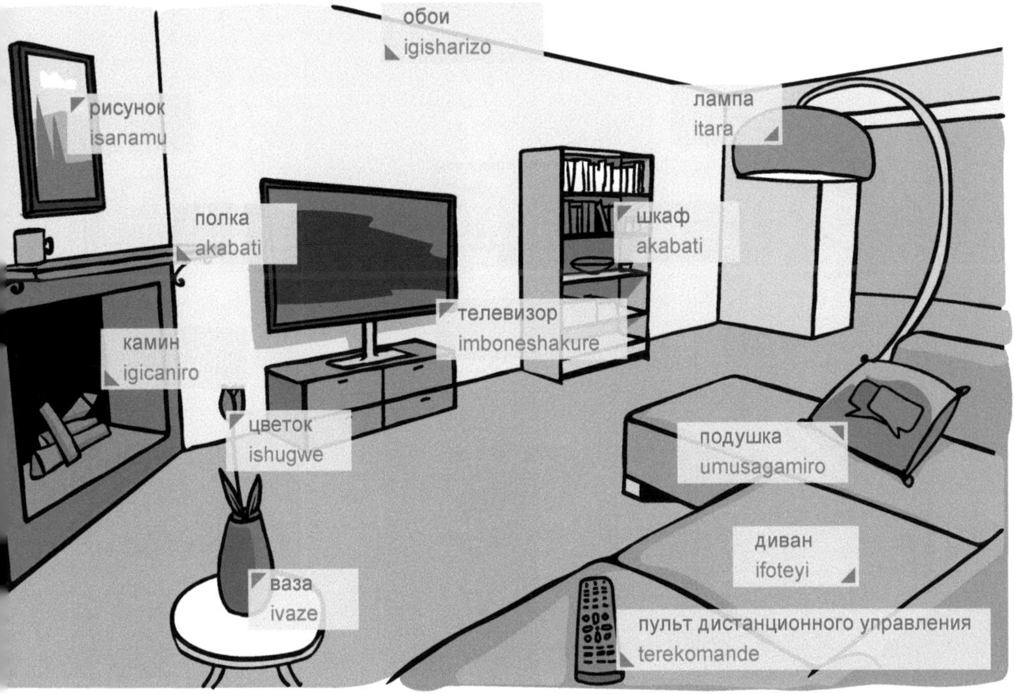

обои
igisharizo
рисунок
isanamu
лампа
itara
полка
akabati
шкаф
akabati
телевизор
imboneshakure
камин
igicaniro
цветок
ishugwe
подушка
umusagamiro
диван
ifoteyi
ваза
ivaze
пульт дистанционного управления
terekomande

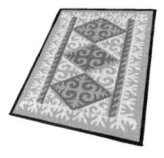

ковёр

itapi

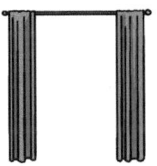

штора

irido

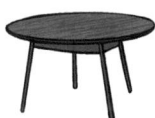

стол

ameza

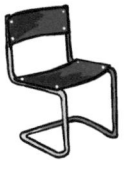

стул

intebe

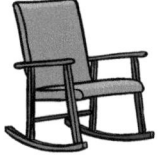

кресло-качалка

intebe icundera

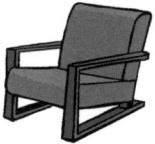

кресло

ifoteyi

книга

igitabo

покрывало

ikirengeti

украшение

ibitako

дрова

inkwi

фильм

ireresi

стереосистема

ivyuma vy' umuziki

ключ

urufunguruzo

газета

ikinyamakuru

картина

gusiga amarangi

плакат

isanamu nini

радио

insamirizi

блокнот

ikaye ndangaminsi

пылесос

asipirateri

кактус

icimera bita cactus

свеча

ibuji

кухня
igikoni

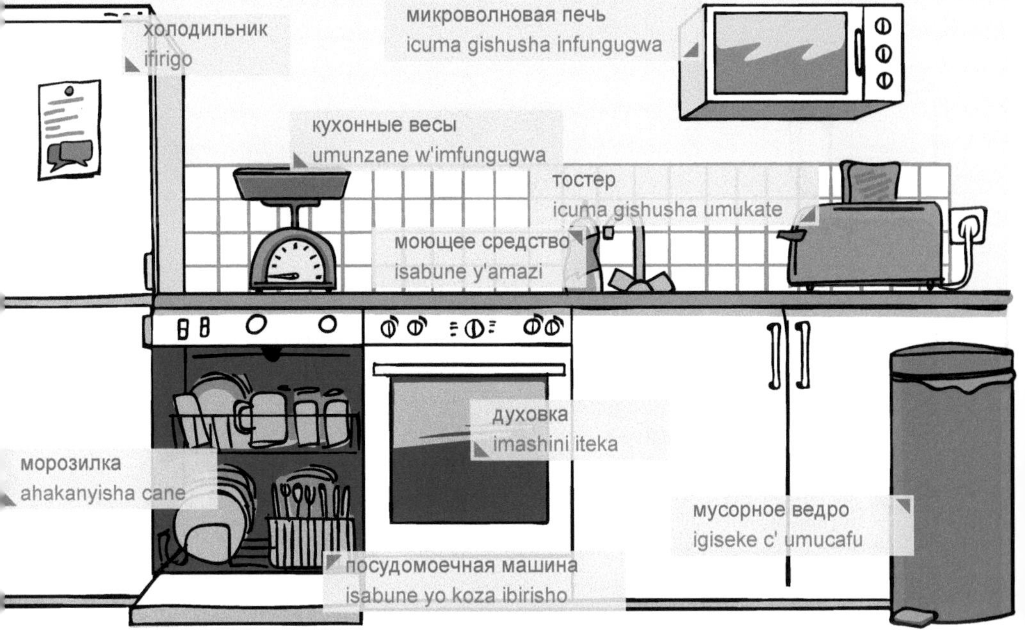
холодильник
ifirigo
микроволновая печь
icuma gishusha infungugwa
кухонные весы
umunzane w'imfungugwa
тостер
icuma gishusha umukate
моющее средство
isabune y'amazi
духовка
imashini iteka
морозилка
ahakanyisha cane
мусорное ведро
igiseke c' umucafu
посудомоечная машина
isabune yo koza ibirisho

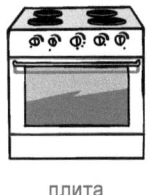

плита
ishiga

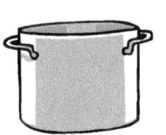

кастрюля
isafuriya

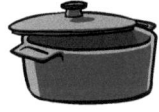

чугунный котелок
isafuriya y' icuma

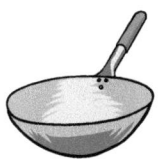

вок / кадай
ipanu bita wok

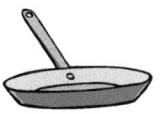

сковорода
ipanu

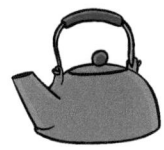

чайник
akuma gashusha amazi

пароварка

isafuriya itekesha umuhisha

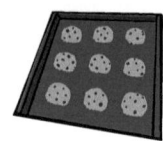

противень

ico bakorerako imikate

посуда

ibirisho

кружка

igikombe

миска

ibakure

палочки для еды

uduti two kurisha

половник

icaruzo c' isupu

лопатка

ikimamiro

сбивалка

agakubitisho

сито

imashini isya ibifungurwa

сито

akayunguruzo

тёрка

agakatakata imfungugwa

ступка

agasekuro

гриль

icokerezo

костёр

urucaniro

доска
urubaho rwo gukatirako

скалка
akabaho bakoresha spageti

штопор
urupfunguzo rw'umuvinyu

жестяная банка
agasandugu

консервный нож
urupfunguzo
rw'agasandugu

прихватка
ivyo gufatisha isafuriya
ishushe

раковина
icogerezo

щетка
uburoso

губка
ivyogesho

миксер
imigiseri

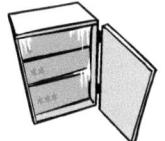

морозильная камера
frigo nini ikanyisha cane

бутылочка для кормления
bibero

кран
ivomo

ванная комната

ubwogero

отопление
imashini ishusha mu nzu
полотенце
isume
душ
kwoga
душевая занавеска
rido yo muri dushe
пенистая ванна
koga mu mazi arimwo ifuro ryinshi
ванна
benywari
стакан
ikirahuri
стиральная машина
imashini imesura
кран
ivomo
плитка
amategura
горшок
agasafuriya
раковина
icogerezo

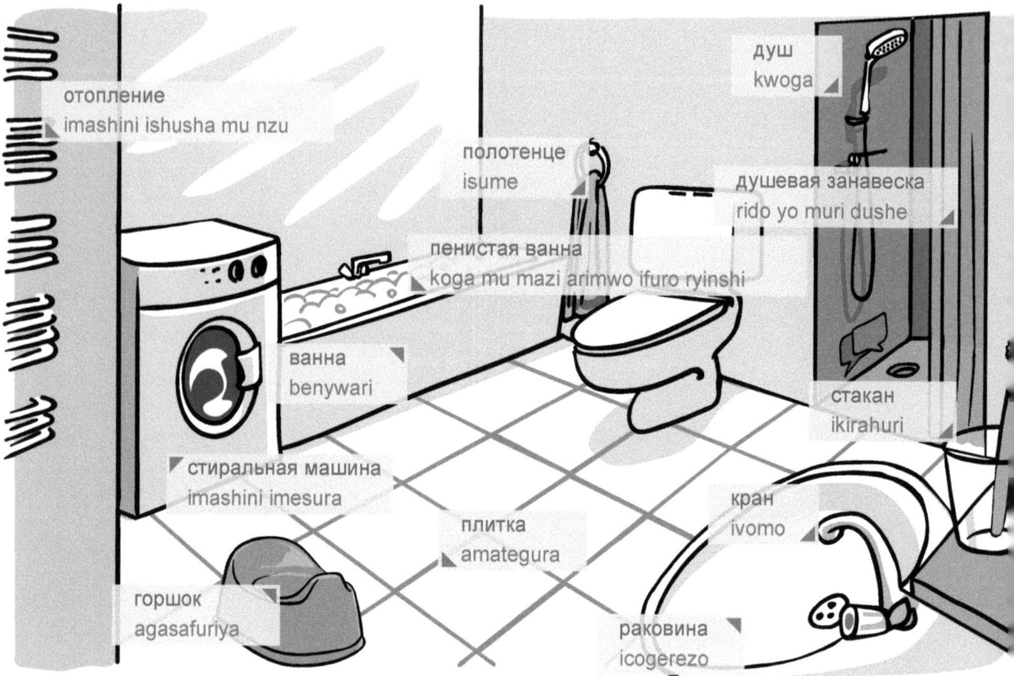

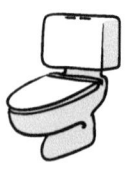

туалет

Akazu ka surwumwe

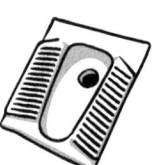

напольный унитаз

akazu ka surwumwe k'ikirundi

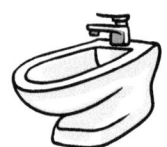

биде

akantu gatoya bogeraho

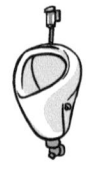

писсуар

aho basoba

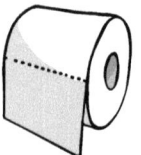

туалетная бумага

ibikaratase vyo kwi sukuza mu nzu ya surwumwe

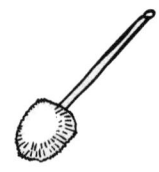

ершик

uburoso bwoza akazu ka surwumwe

зубная щетка

umujigiti

зубная паста

umuti wo koza amenyo

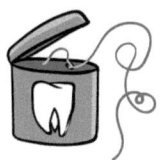

зубная нить

utugozi two gusukura
amenyo

мыть

koza

ручной душ

ikinyuko

интимный душ

ubwoko bwa dushe

таз

ico bakarabiramo intoki

щетка для спины

uburoso busukura mu
mugongo

мыло

isabune

гель для душа

isabuni yo kwoga

шампунь

shampo

мочалка

agatambara ko kwisukura

сток

umuringoti

крем

amavuta yo kwisiga

дезодорант

iparufe yo mu kwaha

зеркало

icirore

ручное зеркало

icirore

бритва

imashini imwa ubwanwa

пена для бритья

ifuro ryo kumwa ubwanwa

лосьон после бритья

umuti basiga aho bamoye

расческа

igisokozo

щетка

uburoso

фен

akuma kumutsa umushatsi

лак для волос

amavuta bapuriza mu
mushatsi

косметика

ibikoresho vyo kwipodora

губная помада

amavuta afise ibara yo
k'umunywa

лак для ногтей

verni y'inzara

вата

ipampa

маникюрные ножницы

umukasi uca inzara

духи

iparufe

косметичка

gasaho k' ivyo kwisukura ku rugendo

табуретка

agatebe

весы

umunzane

халат

penywari

резиновые перчатки

udufuko tw' intoke iyo bakora isuku

тампон

kotegisi

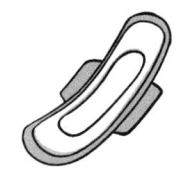

гигиеническая прокладка

kotegisi

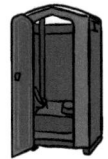

биотуалет

ubwoko bw'akazu ka surwumwe

детская комната

icumba c' umwana

будильник
isaha ivyura
мягкая игрушка
agakoko k' agapupe
игрушечный автомобиль
ikijuwe c' umuduga
погремушка
ikijuwe c' ibibondo bita hochet
кукольный домик
inzu badandaza amapupe
подарок
akaganuke

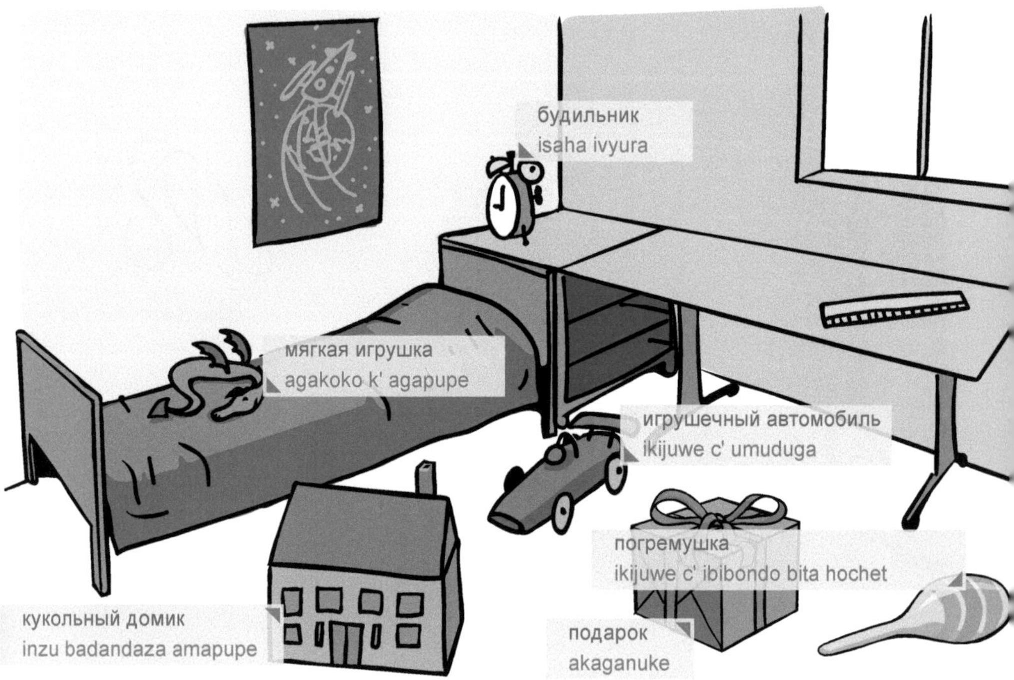

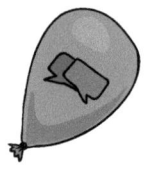

воздушный шар

igipurizo

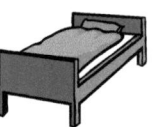

кровать

uburiri

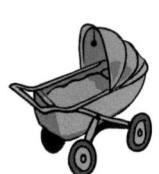

детская коляска

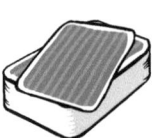

карточная игра

urukino rw' ikarata

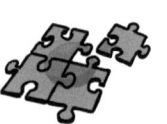

пазл

urukino bita puzile

SUPER MEGA

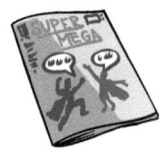

комикс

ibitabo vy' amashusho

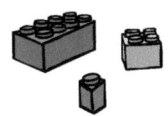

кирпичики Лего

urukino bita lego

кубики

ibijuwe vyo kubaka

игрушечная фигурка

ipupe

ползунки

impuzu yo kurarana y abana

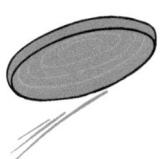

фрисби

urukino bita frisbi

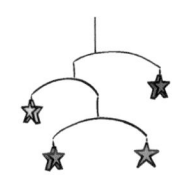

мобиле

udukinisho two ku buriri bw' ibibondo

настольная игра

urukino rwo kumeza

кубик

agakinisho bita de

модель железной дороги

gari ya moshi z' ibikinisho

соска

madanganya

вечеринка

umunsi mukuru

книга с картинками

igitabo c' ibicapo

мяч

umupira

кукла

igipupe

играть

gukina

песочница

umusenyi abana
bakiniramwo

качели

uruvuma

игрушка

ikijuwe

игровая приставка

urukino nyabwonko

трёхколесный велосипед

ikinga ry'amapine atatu

плюшевый медвежонок

igikoko bita ours c 'ikijuwe

шкаф для одежды

akabati k' impuzu

одежда

impuzu

носки

amashesheti

чулки

amashesheti maremare

колготки

ubwoko bw'impuzu zifata
kandi zigaruka cane

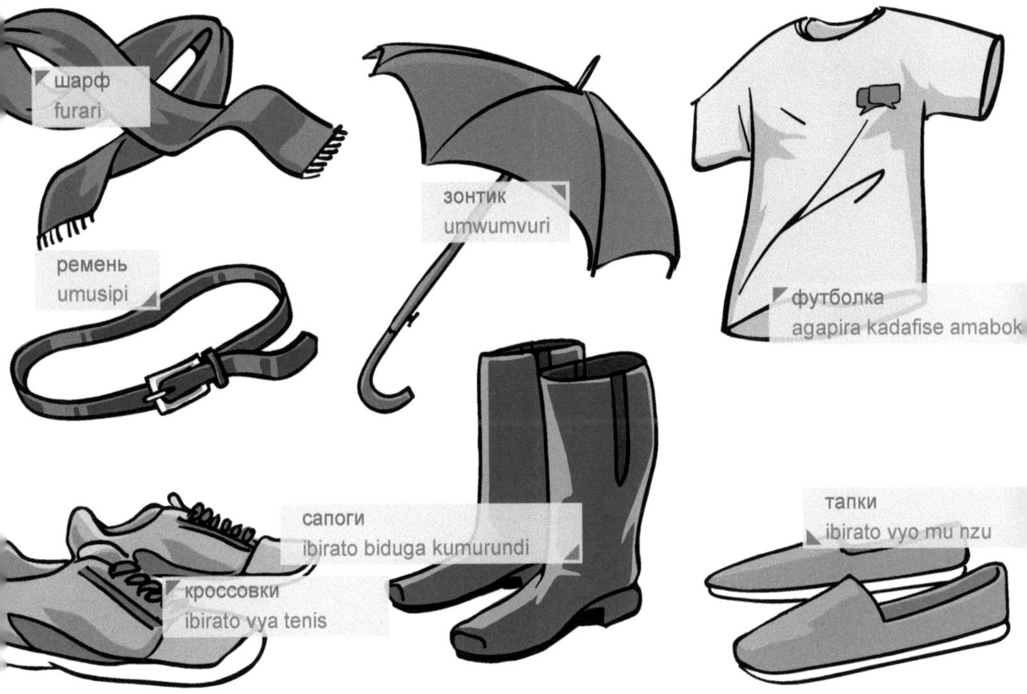

шарф
furari

ремень
umusipi

зонтик
umwumvuri

футболка
agapira kadafise amabok

сапоги
ibirato biduga kumurundi

кроссовки
ibirato vya tenis

тапки
ibirato vyo mu nzu

сандалии
....
isandari

ботинки
....
ibirato

резиновые сапоги
....
ingamiya

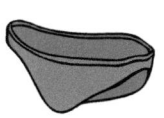

трусы
....
imwesho

бюстгальтер
....
isutiye

майка
....
isengeri

боди

impuzu z' imbere

брюки

ipantaro

джинсы

ijinisi

юбка

ijipo

блузка

agashati koroshe kabagore

рубашка

ishati

свитер

umupira w' imbeho

свитер

umupira w'imbeho ufise inkofero

спортивная куртка

blazeri

жакет

ikoti

пальто

ikoti rirerire

плащ

ikoti y'imvura

костюм

kositime

платье

ikanzu

свадебное платье

ikazu y'umugeni

мужской костюм

kositime

ночная сорочка

ikanzu yo kurarana

пижама

impuzu z' ijoro

сари

imvutano z'abahindi

платок

igitambara co mu mutwe

тюрбан

igitambara co mu mutwe
bita turban

паранджа

mpuzu z' abasiramukazi

кафтан

ikanzu bita kaftan

абайя

impuzu y' abasiramu

купальник

impuzu yo kogana

плавки

impuzu yo kwogana
y'abagabo

шорты

imwesho

спортивный костюм

itereningi

фартук

itaburiya

перчатки

udufuko tw' intoke

пуговица

igifungo

очки

amarori

браслет

igikomo

цепочка

akadede

кольцо

impeta

серьга

ihereni

шапка

inkofero

вешалка

porutemanto

шляпа

inkofero

галстук

karavate

застежка молния

imashini

шлем

inkofero yo kwikingira

подтяжки

imisipi

школьная форма

impuzu y' ishure

форма

umwambaro rusangi
w'ahantu

детский нагрудник
....
:wo bambika ibibondo iyo birya

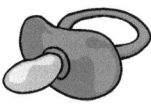

соска
....
madanganya

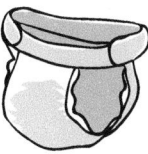

подгузник
....
iranje

офис
ibiro

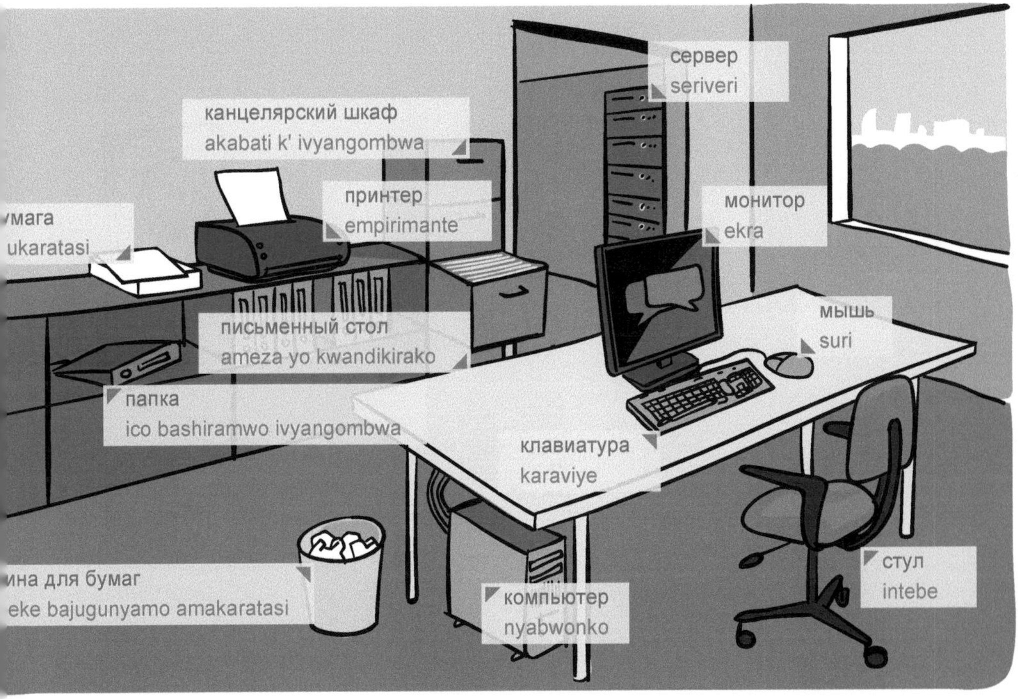

сервер
seriveri

канцелярский шкаф
akabati k' ivyangombwa

принтер
empirimante

монитор
ekra

мага
ukaratasi

письменный стол
ameza yo kwandikirako

мышь
suri

папка
ico bashiramwo ivyangombwa

клавиатура
karaviye

ина для бумаг
eke bajugunyamo amakaratasi

компьютер
nyabwonko

стул
intebe

кофейная кружка
....
igikombe c' ikawa

калькулятор
....
imashini iharura

интернет
....
ubuhinga ngurukanabumenyi

ноутбук

inyabwonko ngendanwa

письмо

ikete

сообщение

ubutumwa

мобильный телефон

telefoni ngendanwa

сеть

rezo

ксерокс

fotokopiyeze

программа

rojisiyeri

телефон

telefoni

розетка

purize

факс

fagisi

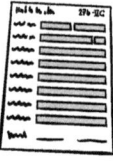

формуляр

urukaratasi rwo kuzuza

документ

icangombwa

покупать

kugura

платить

kuriha

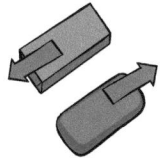

торговать

kudandaza

деньги

amahera

доллар

idorari

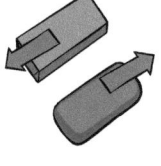

евро

iyero

иена

iyene

рубль

amahera y' abarusiya

франк

amahera y' abasuwisi

жэньминьби юань

amahera bita renmimbi
yuan

рупия

amahera bita rupi

банкомат

icuma gitanga amahera

пункт обмена валюты

ku bavunjayi

золото

inzahabu

серебро

umujumbu

нефть

ipeteroli

энергия

inguvu

цена

ikiguzi

договор

amasezerano

налог

amakori

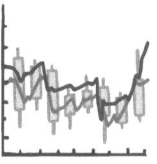

акция

igice

работать

gukora

служащий

umukozi

работодатель

umukoresha

фабрика

ihinguriro

магазин

akaduka

милиционер
umupolisi

пожарный
umukozi ajejwe kuzimya umuriro

повар
umuboyi

врач
umuganga

пилот
umudereva w' indege

садовник

mukozi akora murikarima

столяр

umubaji

швея

umushonyi

судья

umucamanza

химик

umuhinga mu vya chimie

актёр

umukinyi w'amareresi

водитель автобуса

umudereva w' ibisi

таксист

umudereva w' itagisi

рыбак

umurovyi

уборщица

umuzezwanzukazi

кровельщик

sharupantiye

официант

umukozi wo muburiro
n'ubunywero

охотник

umuhigi

художник

umufundi w' amarangi

пекарь

umuntu akora imikate

электрик

umufundi w' amatara

строитель

umwubatsi

инженер

enjeniyeri

мясник

umuyangayanga

сантехник

umufundi w' amazi

почтальон

umuparanto

солдат

umusoda

архитектор

umuntu acapa inyubako

кассир

umuntu yakira amahera

флорист

nukozi ajejwe amashugwe

парикмахер

kimyozi

кондуктор

kontororeri

механик

umufundi w' imiduga

капитан

umudereva w' ubwato

зубной врач

umuganga w' amenyo

ученый

muhinga mu vya siyansi

раввин

umuhinga mu bayahudi bita
rabi

имам

imame

монах

umuvugiramana

священник

umuvugiramana

инструменты

ibikoresho vy' ubwubatsi

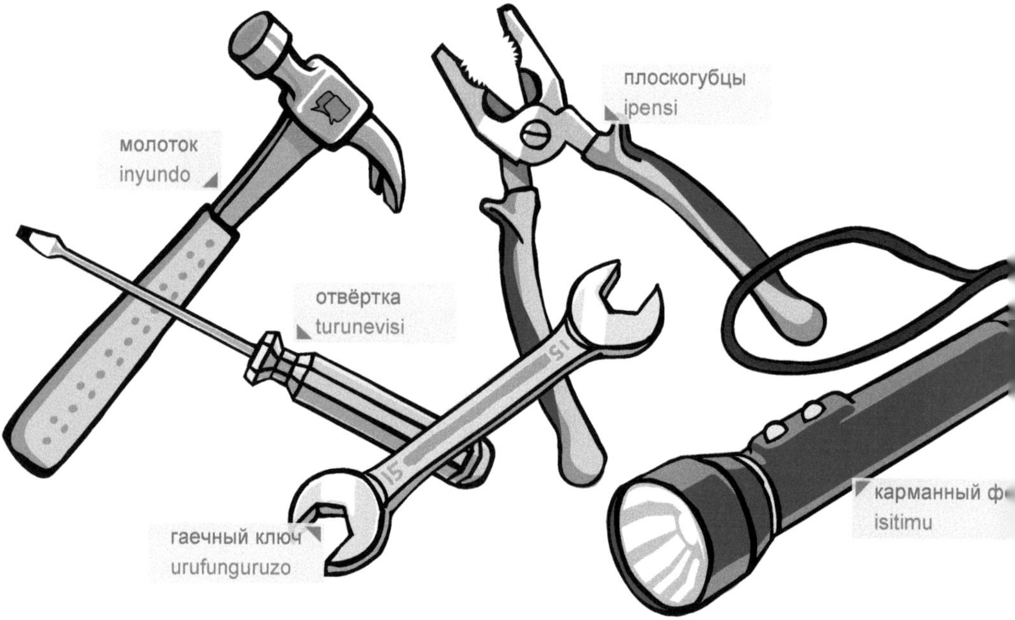
плоскогубцы
ipensi
молоток
inyundo
отвёртка
turunevisi
карманный ф
isitimu
гаечный ключ
urufunguruzo

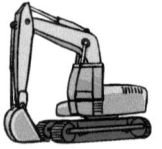

экскаватор

tingatinga

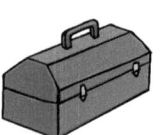

ящик для инструментов

isaho y' ibikoresho

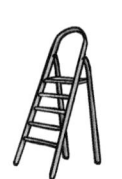

стремянка

ingazi

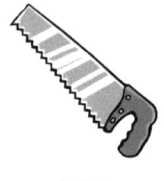

пила

umusumeno

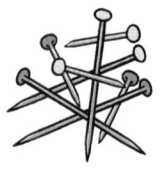

гвозди

imisumari

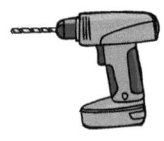

дрель

icuma bita foreuse

ремонтировать

gukora

лопата

igipawa

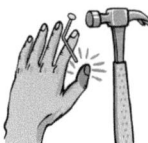

Блин!

asyi!

совок

agaterura umucafu

ведро с краской

indobo y' irangi

винты

ivis

музыкальные инструменты
ivyuma vyo gucuraranga

громкоговоритель
icuma bita Haut parleur

ударный инструмент
icuma ca musika bita batterie

гитара
igitari

контрабас
icuma ca musika bita contrebasse

труба
icuma ca musika bita trompette

пианино

icuma ca musika bita piano

скрипка

icuma ca musika bita violon

бас-гитара

gitare icuranga Bass

литавры

icuma ca musika bita timbale

барабан

ingoma

синтезатор

icuma ca musika bita piano electrique

саксофон

icuma ca musika bita saxophone

флейта

umwirongi

микрофон

mikoro

зоопарк

iratiro ry' ibikoko

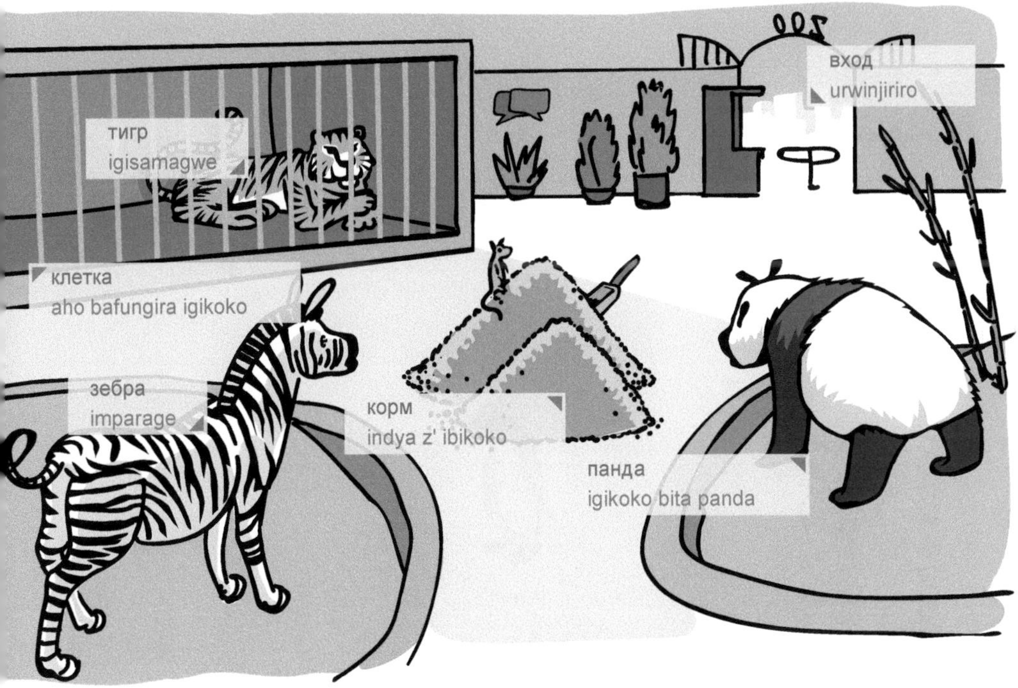

вход
urwinjiriro
тигр
igisamagwe
клетка
aho bafungira igikoko
зебра
imparage
корм
indya z' ibikoko
панда
igikoko bita panda

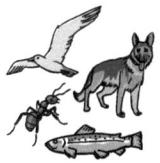

животные

ibikoko

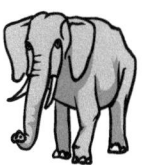

слон

inzovu

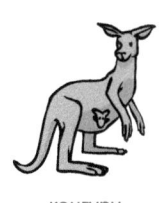

кенгуру

Kanguru

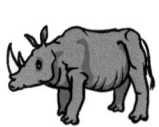

носорог

igikoko bita Rhynoceros

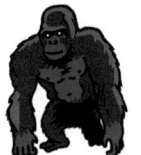

горилла

inguge

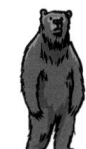

медведь

igikoko bita ours

верблюд

ingamiya

страус

inyoni bita autriche

лев

intare

обезьяна

inkende

фламинго

inyoni bita flamant rose

попугай

gasuku

белый медведь

igikoko bita ours blanc

пингвин

inyoni bita pinguin

акула

ifi bita requin

павлин

inyoni bita paon

змея

inzoka

крокодил

ingona

служитель зоопарка

umurinzi w' iratiro ry' ibikoko

тюлень

igikoko bita phoque

ягуар

igikoko bita jaguar

пони
woko bw' ifarasi bita pony

леопард
ingwe

бегемот
imvubu

жираф
umusumbarembo

орёл
agaca

кабан
ingurube y' ishamba

рыба
ifi

черепаха
akanyamasyo

морж
igikoko bita morse

лиса
imbwebwe

газель
ingeregere

американский футбол
urukino rwa football yo muri amerika

езда на велосипеде
ugusiganwa ku makinga

теннис
urukino rwa tennis

баскетбол
urukino rwa basketball

плавание
koga

бокс
urukino rw' ingumu

хоккей
urukino rwa ice-hockey

футбол
umupira w'amaguru

бадминтон
urukino rwa badminton

лёгкая атлетика
ubunonotsi

гандбол
urukino rwa handball

лыжный спорт
urukino rwa ski

поло
urukino rwa Polo

действия
imirimo

смеяться
gutwenga
прыгать
gusimba
обнимать
kugumbirana
идти
kugenda
петь
kuririmba
мечтать
kurota
молиться
gusenga
целовать
gusoma

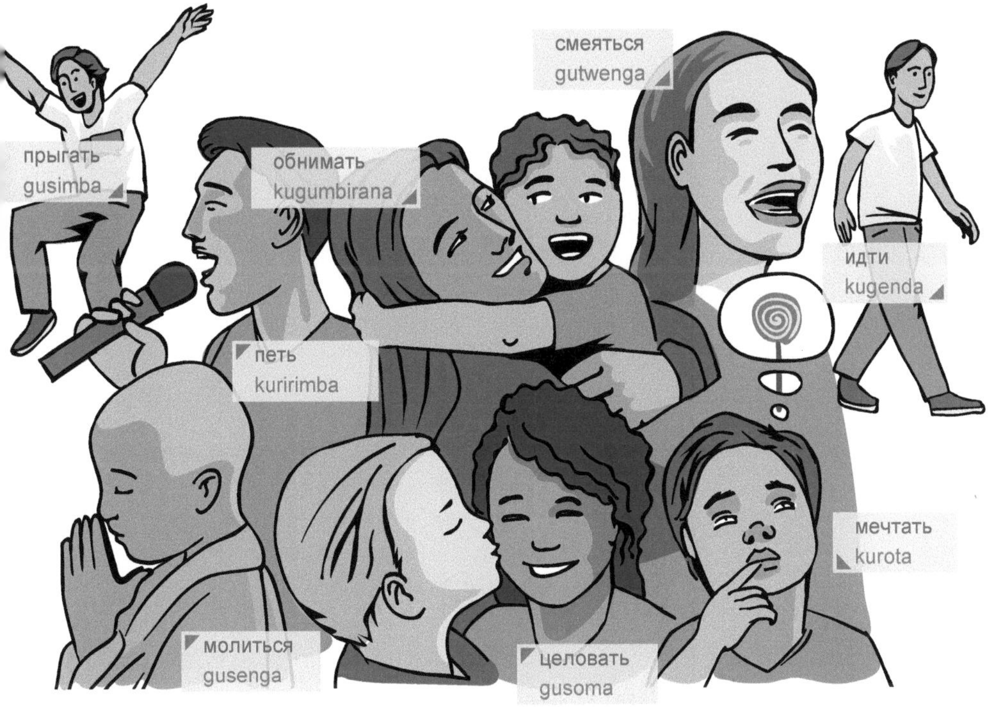

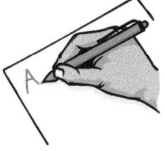

писать
kwandika

рисовать
gucapa

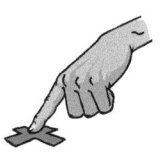

показывать
kwereka

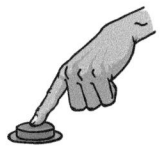

нажимать
gusuguma

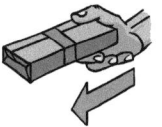

давать
gutanga

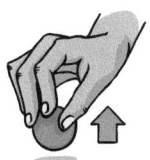

брать
gutora

иметь
kugira

делать
kugira

быть
kuba

стоять
guhagarara

бежать
kwiruka

тянуть
gukwega

бросать
guta

падать
gutemba

лежать
kurambarara hasi

ждать
kurindira

носить
gutwara

сидеть
kwicara

надевать
kwambara

спать
kuryama

просыпаться
kuvyuka

рассматривать
kuraba

плакать
kurira

гладить
kwagaza

причесывать
gusokoza

говорить
kuvuga

понимать
gutahura

спрашивать
kubaza

слушать
kumviriza

пить
kunywa

кушать
gufungura

наводить порядок
gutondeka

любить
gukunda

готовить
guteka

ехать
gutwara

летать
kuguruka

ходить под парусом

kugira siporo bita voile

считать

guharura

читать

gusoma

учиться

kwiga

работать

gukora

вступать в брак

kurongora

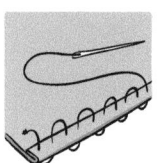

шить

gushona

чистить зубы

kwijigitura

убивать

kwica

курить

kunywa itabi

отправлять

kurungika

бабушка
nyokuru

дедушка
sokuru

папа
data

мама
mama

младенец
ikobondo

дочь
umukobwa

сын
umuhungu

гость

umushitsi

тетя

masenge

дядя

marume

брат

musaza w' umuntu

сестра

mushiki w' umuntu

тело

umubiri

лоб
agahanga
глаз
ijisho
плечо
urutugu
палец
urutoki
лицо
isura
подбородок
agasakanwa
кисть
ikiganza
нога
ukuguru
грудь
agatuntu
рука
ukuboko

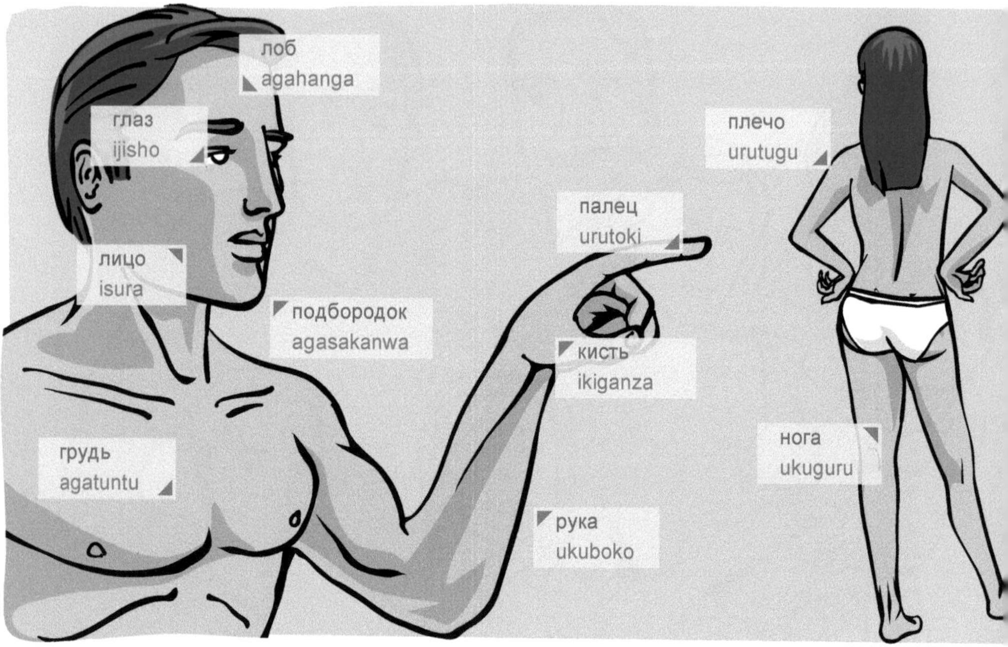

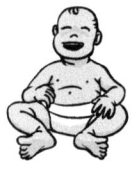

младенец

ikobondo

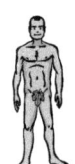

мужчина

umugabo

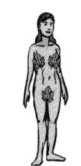

женщина

umugore

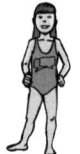

девочка

umwigeme

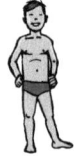

мальчик

umuhungu

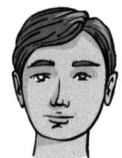

голова

umutwe

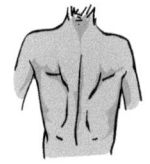

спина

umugongo

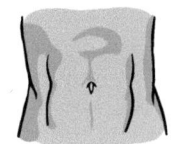

живот

inda

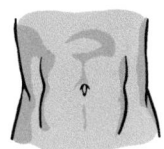

пупок

umukondo

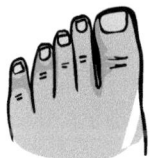

палец ноги

ino

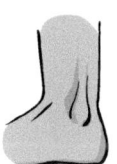

пятка

agatsintsiri

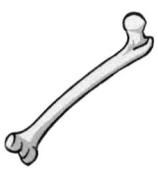

кость

igufa

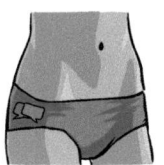

бедро

ku mafyigo

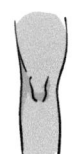

колено

ivi

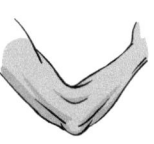

локоть

inkokora

нос

izuru

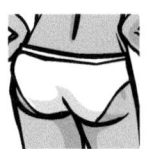

ягодицы

igisusu

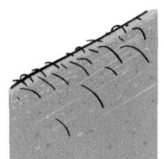

кожа

urukoba

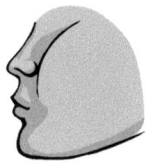

щека

itama

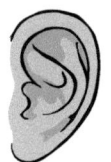

ухо

ugutwi

губа

umunwa

рот

umunwa

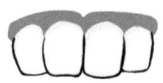

зуб

iryinyo

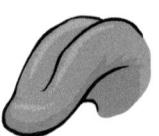

язык

ururimi

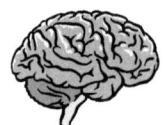

мозг

ubwonko

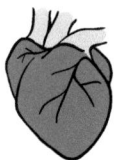

сердце

umutima

мышца

umutsi

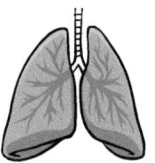

лёгкое

ihaha

печень

igitigu

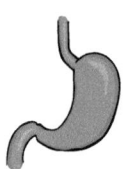

желудок

umushishito

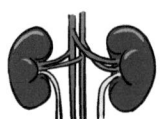

почки

amafyigo

половой акт

kurangura amabanga
y'abubatse

презерватив

agapfuko

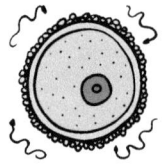

яйцеклетка

imbuto y' umugore

сперма

imbuto y'umugabo

беременность

imbanyi

тело - umubiri

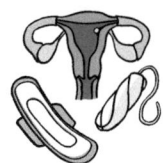

менструация

kuja mu kwezi

вагина

igituba

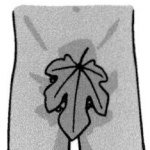

пенис

imboro

бровь

ingohe

волосы

umushatsi

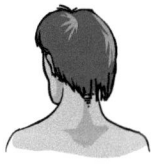

шея

izosi

больница
ibitaro

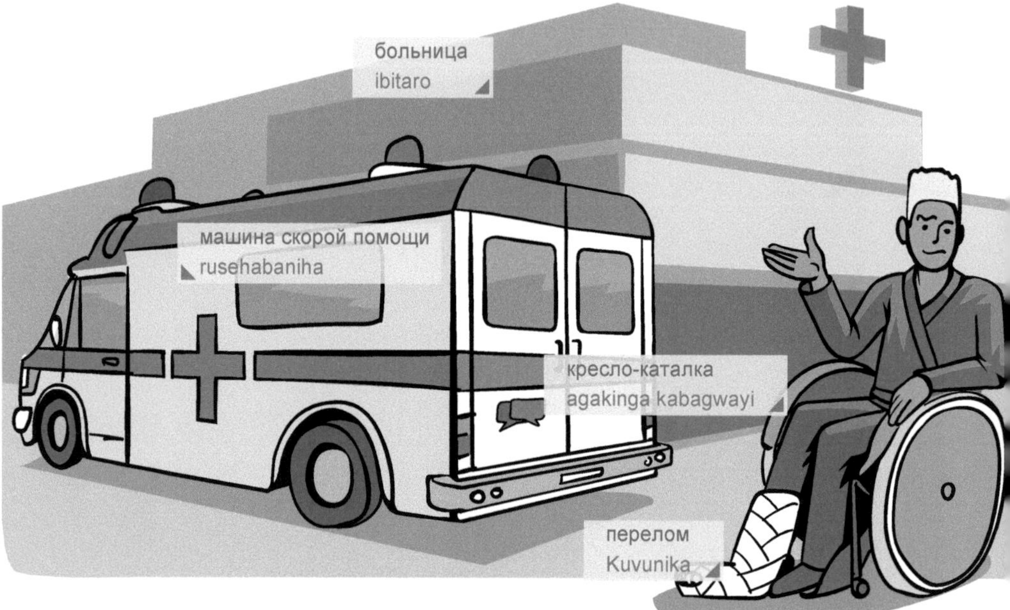

больница
ibitaro
машина скорой помощи
rusehabaniha
кресло-каталка
agakinga kabagwayi
перелом
Kuvunika

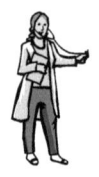

врач

umuganga

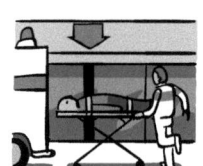

пункт первой помощи

mundembe

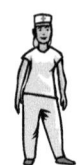

медсестра

umuforomokazi

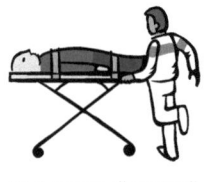

неотложный случай

irijanse

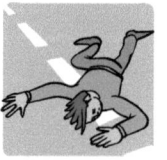

без сознания

guta ubwenge

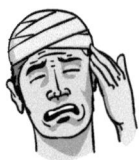

боль

ububabare

повреждение

igikomere

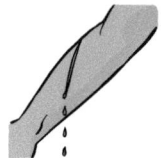

кровотечение

kuva amaraso

инфаркт

uguhagarara k' umutima

инсульт

kuvira indani

аллергия

guhurirwa

кашель

inkorora

овышенная температура

ubushuhe bw'umubiri

грипп

giripe

понос

gucibwamwo

головная боль

kumeneka umutwe

рак

Kanseri

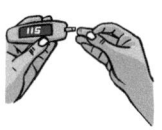

диабет

Diyabeti

хирург

nuganga ajejwe kubaga

скальпель

akuma ka muganga ubaga

операция

kubagwa

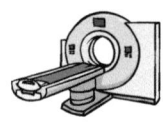

КТ

sikaneri

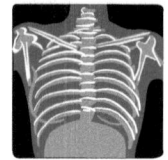

рентген

radiyografi

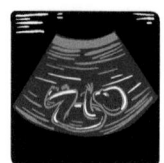

ультразвук

ekografi

маска

masike

болезнь

indwara

приёмная

aho kurindirira

костыль

icishimikizo

пластырь

gufuka igikomere

бинт

gufuka igikomere

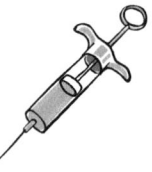

укол

gutera urushinge

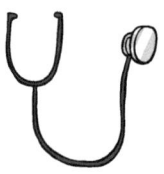

стетоскоп

icuma cumviriza amahaha
n'umutima

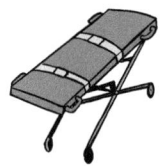

носилки

ingovyi

термометр

igipima umuriro w' umubiri

рождение

kuvuka

избыточный вес

umuvyibuho urengeje

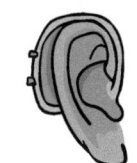

слуховой аппарат

gifasha umuntu kumva neza

дезинфекционное средство

imiti y' ibikomere

инфекция

kwandura

вирус

umugera

ВИЧ / СПИД

umugera wa sida

лекарство

ubuvuzi

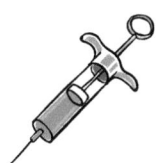

прививка

guhabwa urucanco

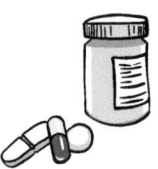

таблетки

ibinini

противозачаточная таблетка

ikinini mbonezamvyaro

экстренный вызов

telefone itabaza

прибор для измерения кровяного давления

igipima umuvuduko w' amaraso

больной / здоровый

arwaye / akomeye

Помогите!

muntabare!

сигнал тревоги

ikengere

нападение

igitero

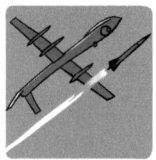

атака

igitero

опасность

ibihe bikomeye

запасной выход

icanzo

Пожар!

umuriro!

огнетушитель

ikizimyamwoto

несчастный случай

isanganya

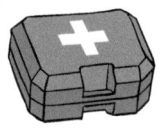

аптечка

isanduku y' ubutabazi

SOS

ubutabazi

милиция

igipolisi

Европа

Buraya

Северная Америка

Uburaruko bw' amerika

Южная Америка

Ubumanuko bw' amerika

Африка

Afurika

Азия

Aziya

Австралия

Ositarariya

Атлантический океан

ibahari y' Antalantika

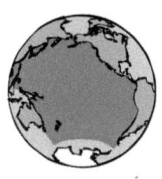

Тихий океан

ibahari ya Pasifika

Индийский океан

ibahari y' Ubuhinde

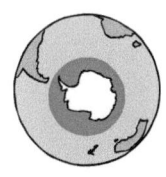

Антарктический океан

ibahari y' Antaragitika

Северный Ледовитый океан

ibahari y' Aragitika

Северный полюс

Uburaruko bw' umubumbe w' isi

Южный полюс

Ubumanuko bw' umubumbe
w' isi

Антарктика

antaragitika

земля

isi

суша

isi

море

ibahari

остров

izinga

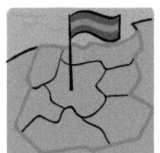

нация

igihugu

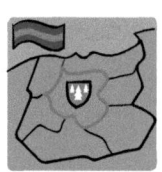

государство

reta

циферблат

aho barabira isaha

часовая стрелка

urushinge rw' amasaha

минутная стрелка

urushinge rw' iminota

секундная стрелка

ushinge rw' amasegonda

Который час?

ni gihe ki?

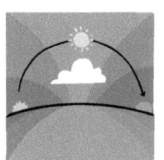

день

umunsi

время

igihe

сейчас

ubu nyene

электронные часы

isaha ya electronique

минута

umunota

час

isaha

неделя

indwi

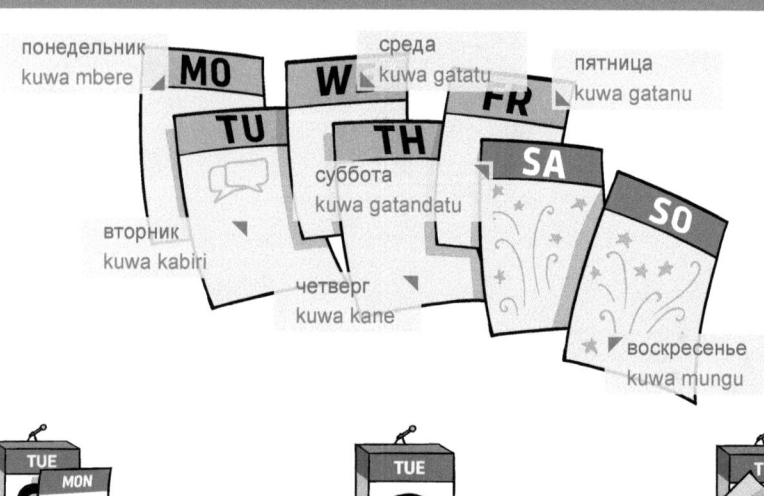

понедельник
kuwa mbere

среда
kuwa gatatu

пятница
kuwa gatanu

суббота
kuwa gatandatu

вторник
kuwa kabiri

четверг
kuwa kane

воскресенье
kuwa mungu

вчера

ejo haheze

сегодня

ubunyene

завтра

ejo hazoza

утро

mu gatondo

полдень

sasita

вечер

ku mugoroba

рабочие дни

iminsi y' ibikorwa

выходные

weekende

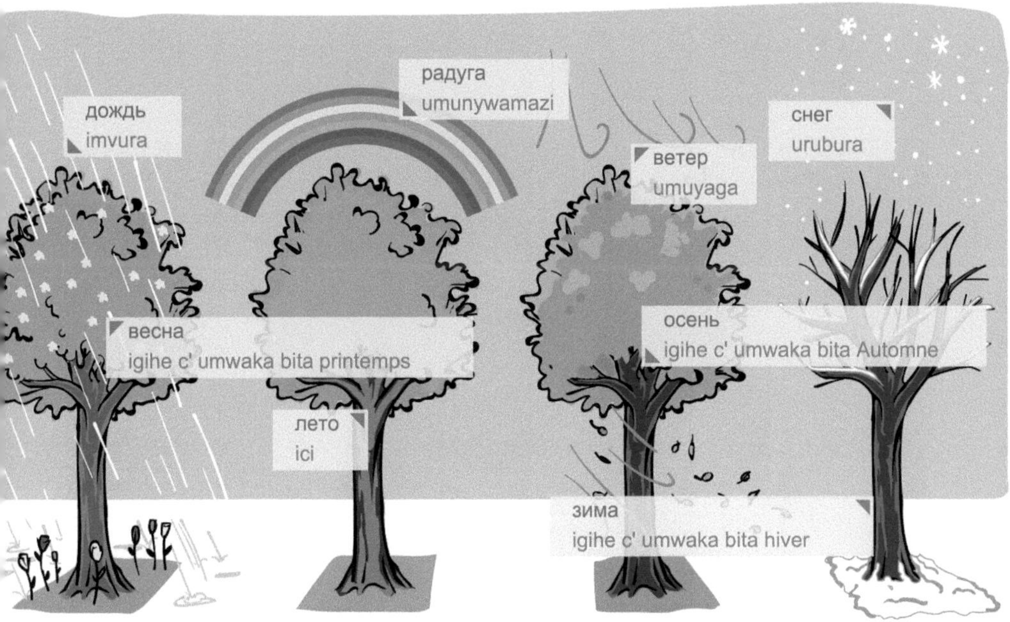

дождь
imvura

радуга
umunywamazi

ветер
umuyaga

снег
urubura

весна
igihe c' umwaka bita printemps

осень
igihe c' umwaka bita Automne

лето
ici

зима
igihe c' umwaka bita hiver

4.APRIL	11°	☀
5.APRIL	4°	
6.APRIL	13°	
7.APRIL	8°	☀
8.APRIL	10°	☀

прогноз погоды

ikirangabihe

термометр

igipima ubushuhe bw'
umubiri

солнечный свет

ubuseruko bw' izuba

туча

igicu

туман

igipfungu

влажность воздуха

ifira

молния

umuravyo

гром

inkuba

буря

igihuhusi

град

urubura

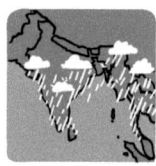

муссон

igihuhusi bita mousson

наводнение

umwuzure

лёд

ibarafu

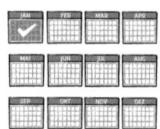

январь

nzero

февраль

ruhuhuma

март

ntwarante

апрель

ndamukiza

май

rusama

июнь

ruhenshi

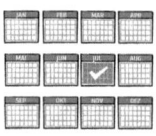

июль

mukakaro

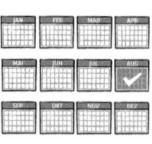

август

myandagaro

год - umwaka

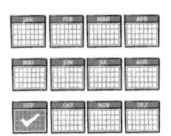

сентябрь
....
nyakanga

октябрь
....
gitugutu

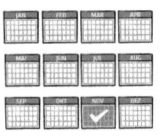

ноябрь
....
munyonyo

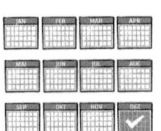

декабрь
....
migarama

формы

forume geometrike

круг
....
umuzingi

квадрат
....
ikwadarato

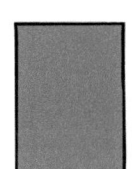

прямоугольник
....
urikiramende

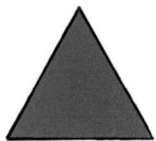

треугольник
....
inyabutatu

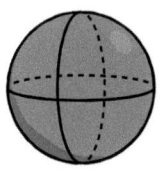

шар
....
umubumbe

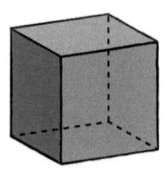

куб
....
agasandugu

белый

ibara ryera

желтый

ibara ry' umuhondo

оранжевый

ibara risa n' umucungwe

розовый

ibara rya rose

красный

ibara ritukura

лиловый

ibara rya mauve

синий

ibara ry' ubururu

зелёный

ibara ry'icatsi kibisi

коричневый

ibara ry' igihogo

серый

ibara rya gris

черный

ibara ryirabura

много / мало

vyinshi / bikeyi

яростный / мирный

washavuye / utekereje

красивый / уродливый

mwiza / mubi

начало / конец

intanguriro / iherezo

большой / маленький

kinini / gitoyi

светлый / темный

gikeye / cijimye

брат / сестра

usaza w' umuntu / mushiki
w' umuntu

чистый / грязный

gisukuye / gicafuye

полный / неполный

gikwiye / gicagatiye

день / ночь

umunsi / ijoro

мёртвый / живой

wapfuye / ariho

широкий / узкий

cagutse / caga

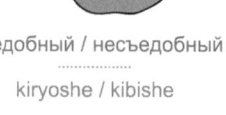

съедобный / несъедобный

kiryoshe / kibishe

злой / дружелюбный

umutima mubi / umutima mwiza

взволнованный / скучающий

anezerewe / arambiwe

толстый / худой

kivyibushe / conze

сначала / в конце

cambere / canyuma

друг / враг

umugenzi / umwansi

полный / пустой

cuzuye / kiri gusa

твёрдый / мягкий

kigumye / coroshe

тяжёлый / легкий

kiremereye / gihwahutse

голод / жажда

inzara / inyota

больной / здоровый

arwaye / akomeye

незаконный / законный

cemewe n'amategeko / kitemewe n'amategeko

умный / глупый

incabwenge / ikijuju

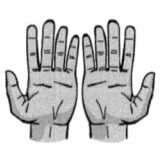

слева / справа

ibubamfu / iburyo

близко / далеко

hafi / kure

новый / подержанный

gishasha / gishaje

ничто / нечто

ntaco / kiriho

старый / молодой

umutama / urwaruka

включено / выключено

kwatsa / kuzimya

открыто / закрыто

kugurura / kugara

тихо / громко

gitekereje / gifise urwamo

богатый / бедный

umutunzi / umukene

правильный /
неправильный
nivyo / sivyo

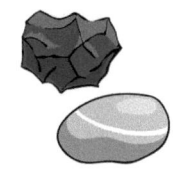

шероховатый / гладкий

kigoramye / kigororotse

печальный / счастливый

ashavuye / anezerewe

короткий / длинный

kigufi / kirekire

медленный / быстрый

kigenda bukebuke /
kinyaruka

мокрый / сухой

gitose / cumye

тёплый / прохладный

gishushe buhoro / gikanye
buhoro

война / мир

intambara / amahoro

0	**1**	**2**
ноль	один	два
ubusa	rimwe	kabiri

3	**4**	**5**
три	четыре	пять
gatatu	kane	gatanu

6	**7**	**8**
шесть	семь	восемь
gatandatu	indwi	umunani

9	**10**	**11**
девять	десять	одиннадцать
icenda	cumi	cumi na rimwe

12

двенадцать

cumi na kabiri

13

тринадцать

cumi na gatatu

14

четырнадцать

cumi na kane

15

пятнадцать

cumi na gatanu

16

шестнадцать

cumi na gatandatu

17

семнадцать

cumi n' indwi

18

восемнадцать

cumi n' umunani

19

девятнадцать

cumi n' icenda

20

двадцать

mirongo ibiri

100

сто

ijana

1.000

тысяча

igihumbi

1.000.000

миллион

umuriyoni

английский

Icongereza

американский английский

Icongereza co muri Amerika

мандаринский китайский

Mandare kivugwa mu bushinwa

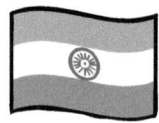

хинди

Igihinde

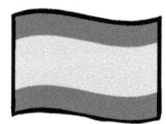

испанский

Ikispaniya

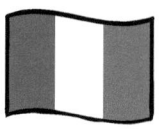

французский

Igifaransa

арабский

Icarabu

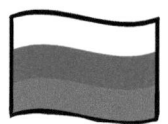

русский

Ikirusiya

португальский

Igiporitigare

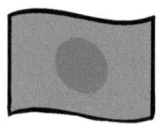

бенгальский

Ikibengare

немецкий

Ikidage

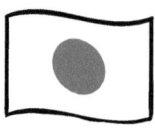

японский

Ikiyapani

я

jewe

ты

wewe

он / она / оно

we / we / co

мы

twebwe

вы

mwebwe

они

bo

кто?

inde?

что?

iki?

как?

gute?

где?

hehe?

когда?

ryari?

имя

izina

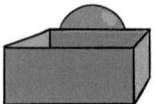

за

inyuma ya

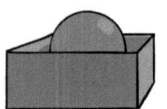

в

indani ya

перед

imbere ya

над

hejuru ya

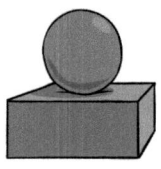

на

ku

под

munsi ya

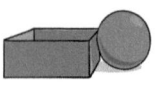

рядом

mu mbavu ya

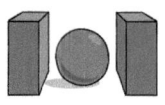

между

hagati ya

место

ikibanza